少林寺内功述真

释德扬　李建新　著

人民体育出版社

前 言

少林武术发源于河南嵩山少室山下禅宗祖庭的少林寺，因其“以武入禅，习武修禅，禅拳合一”为突出特点，故又称“武术禅”。

少林寺始建于北魏孝文帝时期，少林武术尊禅宗初祖菩提达摩为祖师，习武之风始自少林寺第二任方丈北齐武僧稠禅师。一千余年来，以少林寺僧人修习的功夫为主要表现形式的传统文化，具有完整的技术和理论体系。它以武术技艺和套路为其表现形式，以动静合一、内外交融达到禅拳一统的高深修为为主旨，以佛法禅宗智慧和传统武术哲理为其文化内涵，百世传承、魅力千秋，形成中华传统武术文化宝库中体系最为庞大的武术派系和人文文化的宝贵遗产。

释德扬法师幼年入寺，内外兼修，禅武合一。秉承喜公遗愿，携李建新将寺内僧人密不外宣的内功心法公之于众，以飨大众，同受裨益。

目 录

少林寺达摩易筋经

少林寺达摩易筋经，相传为禅宗初祖菩提达摩以所精通的古印度瑜伽术与中国传统导引术相结合创编的十二式内功养生功法，千余年来传承繁衍，广为流传。

少林寺达摩易筋经是少林寺内部僧众最早演练的内功心法之一。经过千余年之实践证明，其筑基培元、保健养生、延年益寿效果非常显著。易筋经内外兼修，被历代学者尊为泰山北斗，认为此功法可使人体神、体、气三者周密结合，深入者使五脏六腑、十二经脉及周身筋骨得到充分的调和，平衡阴阳，舒筋活络，调节人体新陈代谢，增强机体生理功能，达到强体祛病、延年益寿之目的。

“达摩创编易筋经十二式”这一说法，最早见于“道光三年后出版”的来章氏辑本《易筋经十二式》中（见民国唐豪《少林武当考》，且据其考证结果，认同来章氏辑本《易筋经十二式》“昉自佛门”）。追溯至明清间，易筋经多有版本流布于世。如嘉庆十二年由朱文澜辑集的有明天启年间紫凝道人作跋的《易筋经义》、道光三年傅金铨的《易筋经》、咸丰潘霨《内功图说》和光绪二十一年周述官编著的《增益易筋洗髓内功图说》（其门人张瑶于民国十九年将其出版）等等，诸多版本都在一定程度或特定时间内促进或影响着易筋经的健康发展。

纵观历代诸多辑本，释家版、道家版乃至武家版等观点、理论、术语各有差异，唐宋版、明清版众说纷纭，那么，考证

"易筋经"成书年代就显得至关重要了。

20 世纪末，国家体育总局根据宋以后之导引类书籍中多有禅定、金丹、内丹、丹田等专用术语大量出现，而易筋经查无此类文句，推断其成书当不会晚于北宋，应形成于北魏或初唐年间。这一观点得到史学界和业界基本认可。佐证这一观点的，尚有原河南怀庆府河内千载寺主持普观法师康熙年间依据寺庙残碑译撰所立的《李道子碑铭》，明确记载唐时已有易筋经，且李道子亦精通此道。同时，在隋唐大医家孙思邈的医书中也记载有"婆罗门十八势"练功图章句。达摩则正是来自南印度婆罗门家族。

2002 年国家体育总局健身气功管理中心创编《健身气功·易筋经》（2005 年由人民体育出版社出版）一书，文中指出，易筋经十二式起源于中国古代导引术。理由是古导引术在春秋战国期间已为养生家所青睐，秦汉时已在社会中上层及方仙道群体中广为流传，且在马王堆汉墓出土的帛画《导引图》40 余幅姿态各异的导引动作中，据称可以找到易筋经基本动作的原型。但是，经《易筋经源流考》课题组考证，《导引图》中仅有两个动作与之类似，认为易筋经源自中国古代导引术明显有证据不足之感。虽然易筋经与印度瑜伽术也有某些类似的动作，但也没有充分证据证明它源自印度古瑜伽术。

诚然，多年来各权威机构、专家学者既没有充分的证据证明易筋经源自中国的导引术或源自印度的瑜伽术，也没有充分的证据证明易筋经十二式确实不是达摩所创立的，那么问题是，易筋经成书的年代被公认定位于北魏或初唐，而菩提达摩恰是北魏孝明帝孝昌三年即公元 527 年到少林寺一带传法，从公元 527 年至初唐的公元 618 年，也刚好近百年的时间段，这仅仅是偶然的巧合吗？还是达摩为了缓解僧侣久入禅定、气血瘀滞而以自身瑜伽术与中国传统导引术相结合，萃取精华，对应症状而有针对性地创编十二式健身术呢？针对达摩创拳论，历代各有不同观点。姑且不论他创的是什么拳种或本身是否为武林高手，单就他只身徒步数万公里餐风露宿，抵御四节恶劣环境，沿途防范、对抗豺狼虎豹及匪人侵袭的能力和素质，就绝非常人可及。据载，永平元年，即公元508年，较达摩稍早来洛阳等一带传法的北印度僧人菩提流支便是佛教瑜伽系传人。通过瑜伽练习达到舒筋和血、健身强体的目的，是佛教的一个传统（史载佛陀释迦牟尼更精通瑜伽）。达摩作为禅修一脉的正宗传法祖师，定是身具武力与瑜伽内外兼修的大智慧之人。达摩衣钵传人二祖慧可，年轻时曾深研《易经》，不排除称达摩十二势（不确定是势之多少）为“易筋经”者始自慧可或慧可参与；少林寺第一代方丈跋陀禅师的衣钵传人、少林寺第二任方丈僧稠禅师，本就禅拳双修、文武双全，所以也不排除后代少林僧侣受吐纳、导引术的启发，与自身创编的健身招式相结合，在长期的酝酿积淀中，因达摩、慧可等集中提出而凸显观点、思路清晰，逐渐发展起来；又或是后代弟子为纪念达摩有此创造性的观点而编辑后，因感怀而以此命名。

理论上禅宗不立文字、以心印心，授业解惑随机开示，菩提达摩当不会为随机提出的健身雏形刻意绘图配字，而后世承授得益之有心人或方有增演发挥、记录图文之依据。推测有待考证。

达摩创易筋经之说历来备受争议，众说纷纭。目前虽已证实《易筋经》确有伪嫌的序文和疑存的章句，但笔者认为这并非问题的实质。流传千余年的健身宝典，历代备受瞩目，代有强者创新发展，萃取精华融合自己的认识观点和切身体会加以提升、改良，既是人性使然，又符合事物进化发展的客观规律，岂可无休止厚非置喙？正本清源，有待机缘，现实意义，积极向上。诸如现世诸多流派之易筋经皆以正宗自诩，积极推广，良性发展，促进国家全民健身活动，增强人民体质，利乐有情，也不失为一大快事！

少林寺千余年来禅武合一、内外兼修的魅力，吸引着历代无数名家高手向往少林并以与少林高僧切磋沟通、增进有无为无上光荣，而少林寺就像一个转动着的法轮，释、道、儒、武、医、易等各科各法源源不断融入轮中研磨、融合，互为渗透，继而再精炼提纯。少林寺积淀下来的是融入了天下诸技之精粹，溶出的是带有少林寺的慈悲喜舍精神和提升后的诸技精华，你中有我，我中有你，融合渗透，何分彼此？故有“天下功夫出少林”之说，而少林寺又何尝不是纳天下功夫于一身呢？

诸艺皆是，少林寺达摩易筋经亦是。

少林寺历代有识僧侣为萃精、改良达摩易筋经并在积极推广和发扬少林寺内传正宗绝技等方面发挥了关键性作用，为人类的健康和保护非物质文化遗产做出了卓越贡献。

易筋经呼吸法要点提示

1. 易筋经主要以呼吸法为主，鼻呼鼻吸勿用嘴。

2. 呼吸法要领：吸气时气向上走，呼气时气向下走。与吐纳法不同的是，吐纳是吸气时下引，呼气时上行。

3. 易筋经最基本的呼吸方法为长呼吸，气要细、慢、长、均匀，即定气和神势。区别于深呼吸（瞬间吸满）。

4. 呼吸时勿用“意念”，认真呼吸即可，不用刻意意守什么穴位。

5. 易筋经中的呼吸要求即呼吸与动作同时进行，气势同时或气势合一。

6. 在弯腰动作中，牙关微微咬紧，同时，呼吸大半闭着，只可很细微地用鼻吸鼻呼。

7. 易筋经吐纳少，呼吸多。先吐纳，后呼吸。顺逆兼备，顺以运一身清气，逆以合两仪清气。

8. 三种呼吸方法：(1)自然呼吸；(2)顺腹式呼吸；(3)逆腹式呼吸。自然呼吸即常规呼吸；顺腹式呼吸即吸气时气下沉、撑腹腔，呼气时气上走、收腹腔；逆腹式呼吸即吸气时撑胸腔、收腹腔，呼气时撑腹腔、收胸腔。

9. 易筋经自然呼吸的有韦驮献杵第一式、第二式，三盘落地；顺腹式呼吸的有九鬼拔马刀、青龙探爪、打躬式、掉尾式；逆腹式呼吸的有韦驮献杵第三式、摘星换斗、倒拽九牛尾、出爪亮翅、饿虎扑食。

10. 喜公曾开示，练习内养功是最为深奥的，也是最为简单的，就呼吸而言，只要是适合自己的习惯，动作伸展和回收时，均可呼气，亦均可吸气；无论哪种呼吸方法，皆宜身心清净，内外顺达为善法，不可过于拘泥。

行功图解

起式

全身挺立，自然放松；头正、腰直、含胸、蓄腹，头顶百会穴与裆下长强穴成一条直线；双目平视前方，口微闭，以鼻呼吸，细、长、深、缓，定气凝神；松肩，两臂自然下垂，双掌心微贴于大腿两侧；两腿开立与肩同宽，脚尖稍外撇，十趾抓地（图 1）。

图 1

承上。双腿及躯干姿势不变；双掌缓缓外旋腕使掌心向外，同时吸气，双臂直臂缓慢由两侧向上托举，至头顶正上方时双掌心合拢；抬头，目视双手（图 2、图 3）。

图 2

图 3

承上。双腿姿势不变；呼气，两臂屈肘，双掌合十由上向下缓慢落至胸前；双目先随双掌下落，待至胸前成合掌姿势时，微抬头，目视正前方（图 4、图 5）。

图 4

图 5

承上。双腿姿势不变；吸气，双掌合十，双臂挺肘缓慢向上举起；目随双掌（图 6）。

图 6

承上。双腿姿势不变；呼气，两掌自头顶正上方向左右两侧分开，内旋腕使掌心向下，随双臂直臂下落至身体两侧下方时，屈肘，两掌重叠于腹前做叠手印，掌心向上，右上左下，两拇指尖相对；目视前下方（图 7、图 8）。

图 7

图 8

要点提示：起式，又称“敬灵式”或“接灵式”，是修炼者通过自身解码连接宇宙苍穹与浩瀚大地之间的一种方式，是天地人三才合一、平衡阴阳、蕴纳万物的至圣法门。运动时意识要求清静自然，天人合一；动作要求舒展大方，轻缓圆柔，精神饱满；呼吸与动作要同时进行，气式合一；呼吸以鼻呼鼻吸为主，自然呼吸，气要细、慢、长、均匀；合掌上举动作要使身体整体充分伸展；双掌合十下落于胸前和下落做叠手印时气要下沉。

功效：改善颈椎、脊椎、肩关节等功能，外调筋骨、肌肉，平稳肢体，内安五脏，促进血液循环和改善神经系统。

一、韦驮献杵第一式

承上。上肢姿势不变；头微抬，目视前方；同时，左脚再向左跨半步，开步稍大于肩，两腿挺膝，两脚尖稍外撇，十趾抓地（图 9）。

图 9

承上。下肢姿势不变；上体缓慢向前倾俯；同时，吸气，双掌先贴身下滑随时直臂向左右两侧后方摆撑，掌心斜朝前下方，继而随上体继续前俯至约 90°时，两臂直臂上抬与肩同高，缓缓向前摆动至身前与肩同宽，两掌心相对，指尖朝前；同时，呼气；抬头，目视前方（图 10—图 12）。

图 10

图 11

图 12

承上。两臂沉肩、屈肘，双手立掌至颌前约 30 厘米处，两掌心相对，相距约 20 厘米距离，闭气、稍顿，微咬牙，凝神定气；双目从双掌间斜视前下方（图 13）。

图 13

注：动作式定后，闭气静立约 1 分钟或配合呼吸酌情做 8~20 次。

要点提示：自然呼吸、缓慢深长；前俯身要控制好平衡，保持稳固；双臂摆动时要尽力伸展肩、肘各关节，向前合拢似环抱球体状；立掌的高度是指尖约与上耳轮同高，肘弯处意像横担降魔杵；立掌、闭气时要定心凝神，静平气和。整组动作要柔和、舒展，节奏连贯、均匀。

功效：改善颈椎、脊椎、肩关节、腰椎等多项功能，发展下肢力量和稳固性，调节心肺，定心敛神，舒活筋骨，促进血液循环和改善神经系统。

二、韦驮献杵第二式

承上。下肢姿势不变；上身缓缓挺起立直；同时，吸气；两肘尖向左右两侧上抬至与肩同高，前臂直腕斜向前下方，双掌掌心向内，两大拇指按于胸部上沿，中指尖相抵于膻中穴处；目视身前下方（图 14）。

图 14

承上。下肢动作不变；两掌内折腕使手背贴面两侧向上提起，然后直臂、直腕向上挺直，掌心相对，随后呼气，两臂直臂向左右两侧下落，掌心向上；目随右掌（图 15—图 17）。

图 15

图 16

图 17

承上。双腿缓缓屈膝下蹲；上体稍前俯；双臂顺势向两侧下方下落至胯外侧，掌心斜朝前下方；目随右手（图 18、图 19）。

图 18

图 19

承上。双腿与躯干保持姿势不变；双臂直臂摆动向身前下方抱拢，同时，缓慢吸气；双手腕外旋，使掌心向上；目随双手（图 20）。

承上。双腿微微立起并稍屈膝支撑身体；上体挺直；同时，两臂屈肘，与肩同宽，双掌掌心朝上向上托举至稍高于肩。随即，外旋腕，十指指尖斜朝两侧后方；目视前上方（图21、图 22）。

图 20

图 21

图 22

承上。下肢与躯干姿势不变；两臂稍上举，肘关节朝前，两掌掌心向上，指尖朝后，稍高于头顶；抬头，目视上方（图 23）。

图 23

注：动作式定后，闭气静立约 1 分钟或配合呼吸酌情做 8~20 次。

要点提示：自然呼吸；身体屈膝下蹲时要使身体尽量压低（初学者可根据自己体质状况灵活掌握高度），由高到低动作反差大且稳固；身体屈膝挺立与双臂屈肘上举，要有使身体如蕴含巨大潜力而欲尽力伸展、直破苍穹之势。

功效：充分伸展、收缩肢体，发展全身力量、柔韧与稳固性，疏通经脉，增强脏腑功能，强化气血运行，改善全身颈、脊、肩、腰椎等各项功能。

三、韦驮献杵第三式

承上。两膝挺直；身体直立；同时，吸气，双掌向上缓慢、稳稳托举至双臂尽力伸展，掌心向上，指尖朝后，两臂距离与肩同宽；目随双掌（图 24）。

图 24

注：动作式定后，闭气静立约 1 分钟或配合呼吸酌情做 8~20 次。

承上。双臂同时向中间靠拢，两掌内旋腕使左掌在下右掌在上重叠，掌心向上，指尖相对重叠；目随双掌（图 25）。

图 25

承上。左脚向内回收半步，两脚间距与肩同宽；身体直立；同时，呼气，两臂直臂从左右两侧由上向下摆落，然后双手在腹前重叠结叠手印状；目视前下方（图 26、图 27）。

图 26

图 27

要点提示：逆呼吸；双手托举时，动作要紧而不懈、舒而不松，似托起千斤之力状，微咬齿，舌抵上腭，气布于胸，提肛收腹，肢体充分伸展到极致；双臂下落时，气下沉于腹部，小腹微微隆起，身体放松。

功效：伸筋拔骨，畅通气血，促进脑部血液循环，强筋骨，安脏腑、调神韵、健精神。

四、摘星换斗式

承上。上体向右前方斜拧约 45°；重心右移，右腿微屈支撑身体；同时，吸气，右臂屈肘上抬随体右摆，前臂与肩同高，内旋腕，掌心朝下至右胸外侧；左掌稍上抬，置于右肋前，掌心向上与右掌心相对；目随右手（图 28）。

图 28

承上。随即，上体左转约 135°，微前倾；双腿呈左弓步；同时，右臂稍沉肘，随体摆动时外旋腕，使掌心向前，待摆动至身体正前方时掌心向上，与肩同高；左臂屈肘，随体摆动时内旋腕，使掌心朝下，并按于左腰侧；目随右手（图 29—图 32）。

图 29

图 30

图 31

图 32

承上。重心后移，上体直立；右腿稍屈膝支撑身体，左脚用脚前掌着地；同时，呼气，右臂屈肘回收，肘尖贴近右侧腹前；左臂屈肘，内旋腕向后反抄，使掌背贴于腰间命门穴处；目随右掌（图 33）。

图 33

承上。身体右转约 180°，成右弓步；同时，右臂先保持姿势随体转动，再直臂向下、向右、向上环绕，然后再屈肘、内旋腕，使右掌掌背落于前额神庭穴处，掌心向上；左掌不变；稍抬头，目视前上方（图 34—图 36）。

图 34

图 35

图 36

承上。上体保持直立，重心下降；两腿屈膝，右大腿面呈水平，左腿膝关节跪地，五趾着地，脚后跟翘起；同时，吸气，右掌缓缓向前上方推撑，掌心斜朝前上方；左掌顺腰臀缓缓向下撑按，掌心斜朝向后下方；目随右掌（图 37）。

图 37

注：吸气、下跪步推掌如图 37 所示，呼气、身体缓缓立起，两臂回收还原成如图 36 所示。此动作一起一落为一组，常规练习可重复 4 组。

承上。身体直立，上体左转约 90°；同时，右掌先保持姿势不变，左臂绕至身前并从腹前向右、向上划弧上抬，在头顶与右臂相交叉，随即呼气，两臂再各自向左右两侧划弧下落，双掌重叠抱于腹前做叠手印；目平视前方（图 38—图 43）。

图 38

图 39

图 40

图 41

图 42

图 43

承上。上体向左前方斜拧约45°；重心左移，左腿微屈支撑身体；同时，吸气，左臂屈肘上抬随体左摆，前臂与肩同高，内旋腕，掌心朝下至左胸外侧；右掌稍上抬置于左肋前，掌心向上与左掌心相对；目随左手（图44）。

图 44

承上。随即，上体右转约135°，微前倾，双腿呈右弓步；同时，左臂稍沉肘，随体摆动时外旋腕，使掌心向前，待摆动至身体正前方时掌心向上，与肩同高；右臂屈肘，随体摆动时内旋腕，使掌心朝下，并按于右腰侧；目随左手（图45—图48）。

图 45

图 46

图 47

图 48

承上。重心后移，上体直立；左腿稍屈膝支撑身体，右脚用脚跟部位着地；同时，呼气，左臂屈肘内收，肘尖贴近左侧腹前；右臂屈肘，内旋腕向后反抄，使掌背贴于腰间命门穴处；目随左掌（图 49）。

图 49

承上。身体左转约 180°，成左弓步；同时，左臂先保持姿势随体转动，再直臂向下、向左、向上环绕，然后再屈肘、内旋腕，使左掌掌背落于前额神庭穴处，掌心向上，右掌不变；稍抬头，目视前上方（图 50—图 52）。

图 50

图 51

图 52

承上。上体保持直立，重心下降；两腿屈膝，左大腿面呈水平，右腿膝关节跪地，五趾着地，脚后跟翘起；同时，吸气，左掌缓缓向前上方推掌，掌心斜朝前上方，右掌顺腰臀缓缓向下按掌，掌心斜朝向后下方；目视前上方（图 53）。

图 53

注：吸气、下跪步推掌如图 53 所示，呼气、身体缓缓立起，两臂回收还原成如图 52 所示。此动作一起一落为一组，常规练习可重复 4 组。

承上。身体直立，上体右转约90°；同时，左掌先保持姿势不变，右臂绕至身前并从腹前向左、向上划弧上抬，在头顶与左臂相交叉，随即，呼气，两臂再各自向左右两侧划弧下落，双掌重叠抱于腹前做叠手印；目平视前方（图54—图58）。

图 54

图 55

图 56

图 57

图 58

要点提示： 逆式呼吸；动作连贯、圆柔、舒缓，起落幅度明显；气式合一、顺达。

功效： 舒活筋骨，调节气血，壮腰健肾，可按摩中焦脏腑，延缓衰老，活利关节。

五、倒拽九牛尾

承上。身体左转约90°，直立；同时，两掌直接顺腹、胸部位向上托，至颈部时，内旋腕直臂向上托举，掌心向上，十指相对；目视前上方（图59—图60）。

图 59

图 60

承上。左腿屈膝上提后向前跨步，成左弓步；同时，两掌向左右两侧直臂下落，指尖向上，高于头部，掌心朝外；目视前方（图61、图62）。

承上。上体前倾，胸腹贴紧左大腿面；右腿绷直，脚跟抬起，脚前掌着地；同时，两掌直臂向下、向前划弧托掌，两掌与肩同宽，高与面齐，掌心向上；目视前方（图 63—图 65）。

图 61

图 62

图 63

图 64

图 65

承上。重心后移；右腿屈膝支撑身体，左脚跟在前点击地面，脚尖翘起；同时，两肘屈曲下沉，两掌掌心向内，距面部约 30 厘米。随即，左腿屈膝提起后，向前落地，屈膝弓腿，右腿稍屈膝，脚前掌着地，脚后跟翘起；同时，重心前移，上体稍前倾；两掌变虎爪右上左下相交叉，掌心均向内；目视前方（图 66—图 68）。

图 66　　图 67　　图 68

承上。重心下降，两腿成右跪步；同时，左虎爪缓缓向前上方推撑，四指尖朝上，掌心朝前上方；右虎爪内旋腕顺身体右侧向右后下方缓缓按抓，四指尖指朝下，手心斜朝向右下方；右转头，随右手注视右下方（图 69）。

图 69

注：吸气、下跪步推虎爪如图 69 所示，呼气、身体缓缓立起，两臂回收还原成如图 68 所示。此动作一起一落为一组，常规练习可重复 4 组。

承上。身体直立；上体右转约 90°；左掌上举，右掌先由背后绕至身前，然后再向左、向上划弧摆动，在头前上方与左掌交叉，随即双臂自然下落，两掌在腹前重叠结叠手印；双目先随右掌摆动，待体前结印时，注视前方（图 70—图 74）。

图 70

图 71

图 72

图 73

图 74

承上。身体右转约 90°，直立；同时，两掌直接顺腹、胸部位向上托，至颈部时，内旋腕，直臂向上托举，掌心向上，十指相对；目视前上方（图 75、图 76）。

图 75

图 76

承上。右腿屈膝上提后向前跨步，成右弓步；同时，两掌向左右两侧直臂下落，指尖向上，高于头部，掌心朝外；目视前方（图 77、图 78）。

图 77

图 78

承上。上体前倾，胸腹紧贴右大腿面；左腿绷直，脚跟抬起，脚前掌着地；同时，两掌直臂向下、向前划弧托掌，两掌与肩同宽，高与面齐，掌心向上；目视前方（图 79—图 81）。

图 79

图 80

图 81

承上。重心后移；左腿屈膝支撑身体，右脚跟在前点击地面，脚尖翘起；同时，两肘屈曲下沉，两掌掌心向内，距面部约 30 厘米。随即，右腿屈膝提起后，向前落地，屈膝弓腿，左腿稍屈膝，脚前掌着地，脚后跟翘起；同时，重心前移，上体稍前倾；两掌变虎爪左上右下相交叉，掌心均向内；目视前方（图 82—图 84）。

图 82

图 83

图 84

承上。重心下降；两腿成左跪步；同时，右虎爪缓缓向前上方推掌，四指尖朝上，掌心朝前上方；左虎爪内旋腕顺身体左侧向左后下方缓缓抓按，四指尖朝下，手心斜朝向左后方；左转头，目随左手注视左下方（图 85）。

图 85

注：吸气、下跪步推虎爪如图 85 所示，呼气、身体缓缓立起，两臂回收还原成如图 84 所示。此动作一起一落为一组，常规练习可重复 4 组。

承上。身体直立；上体左转约 90°；右掌上举，左掌先由背后绕至身前，然后再向右、向上划弧摆动，在头前上方与右掌交叉，随即双臂自然下落，两掌在腹前重叠结叠手印；双目先随左掌摆动，待体前结印时，注视前方（图 86—图 90）。

图 86

图 87

图 88

图 89

图 90

要点提示：逆呼吸；整个动作前伸、后屈、拧转幅度大、姿势低，对力量、柔韧、稳定性要求很高，宜循序渐进；腰部贯穿上下肢体并配合胸腹运气挤压，既要柔顺圆活、松静自然，又强调肢体导引气血到位；手臂拽拉、伸展时切忌僵硬，螺旋力展现明显。

功效：具有舒活筋骨、强健肌肉、巩固关节、疏通夹脊、调理心肺、贯通气血等作用。

六、击爪亮翅

承上。左脚向左跨半步，步距大于肩，身体直立；同时，两掌内旋腕，使掌心朝下，左上右下，两臂直臂从身前向上抬起、上举，在头前上方向左右两侧分开下落；双目先随两掌上抬，分掌后目视前方（图 91—图 93）。

图 91

图 92

图 93

承上。身体重心下降，上体前俯，两腿屈膝下蹲成大马步；同时，两臂在身体左右侧下方向身前划弧抄抱，并呈交叉状在胸前环抱，左臂在内，右臂在外，两掌掌心朝内俯按在相反方向的上臂外侧；目视前下方（图 94、图 95）。

图 94

图 95

承上。两腿挺膝伸直，上体前俯；同时，两臂直臂向左右两侧推掌，指尖朝上，掌心朝外；目随右掌（图 96）。

图 96

承上。下肢与躯干保持姿势不变；两臂直臂向体前合拢，与肩同高，两掌心相合、击响，指尖朝前；目视前方（图 97—图 99）。

图 97

图 98

图 99

承上。两腿姿势不变，上体直立；同时，两掌折腕内曲，成立掌合十姿势，然后随上体直立之势，向头前上方挺肘上举；抬头，目随双掌（图 100—图 102）。

图 100

图 101

图 102

注： 从图 92 至图 102 的动作为一组，标志是每次抱掌、推掌时面部向右看。常规练习可重复 4 组。

承上。两掌直臂从头前上方向左右两侧分开下落；目视前上方（图 103）。

图 103

承上。身体重心下降，上体前俯，两腿屈膝下蹲成大马步；同时，两臂在身体左右侧下方向身前划弧抄抱，并呈交叉状在胸前环抱，左臂在内，右臂在外，两掌掌心朝内俯按在相反方向的上臂外侧；目视前下方（图 104—图 106）。

图 104

图 105

图 106

承上。两腿挺膝伸直，上体前俯；同时，两臂直臂向左右两侧推掌，指尖朝上，掌心朝外；目随左掌（图 107）。

图 107

承上。下肢与躯干保持姿势不变；两臂直臂向体前合拢，与肩同高，两掌心相合、击响，指尖朝前；目视前方（图108—图110）。

图 108

图 109

图 110

承上。两腿姿势不变，上体直立；同时，两掌折腕内曲，成立掌合十姿势，然后随上体直立之势，向头前上方挺肘上举；抬头，目随双掌（图 111、图 112）。

图 111

注：从图 103 至图 112 的动作为一组，标志是每次抱掌、推掌时面部向左看。常规练习可重复 4 组。

图 112

承上。双臂直臂从头前上方向左右两侧自然下落，屈肘、两掌在腹前重叠结叠手印；双目注视前方（图 113—图 115）。

图 113

图 114

图 115

要点提示：逆腹式呼吸；前俯屈腿重心稳固；双臂扩胸要充分伸展；击掌清脆、响亮；动作连贯、顺达。

功效：强健心、肺、肾功能，舒活筋骨，通活气血，增长力量，缓解眼疲劳、颈椎病和关节阻碍。

七、九鬼拔马刀

承上。左脚向左跨半步，步距大于肩，身体直立。随即上体向右前方斜拧约 45°，重心右移，右腿微曲支撑身体；同时，吸气，右臂屈肘上抬随体右摆，前臂与肩同高，内旋腕，掌心斜朝下至右胸外侧；左手立掌稍上抬护于右肋前，掌心向右；目随右手（图 116、图 117）。

图 116

图 117

承上。上体左转约 135°，微前倾，成左弓步；同时，右臂稍沉肘，随体摆动时外旋腕，使掌心向前，待摆动至身体正前方时掌心向上，略低于肩；左臂随体摆动时内旋腕，使掌心朝下，附按于右肘关节内侧；目随右手（图 118、图 119）。

图 118

图 119

承上。重心后移，上体直立，右腿稍屈膝支撑身体，左脚用脚前掌着地；同时，呼气，右臂屈肘回收，肘尖贴近右侧腹前；左臂屈肘，内旋腕向后反抄，使掌背贴于腰间命门穴处；目随右掌（图 120）。

图 120

承上。身体右转约 180°，两腿成右弓步；同时，右臂先保持姿势随体转动，再直臂向下、向右、向上环绕，然后再屈肘、内旋腕，使右腕贴脑部后侧环绕，手掌四指搂扣于左侧腮、颈部位；稍左拧头，目视左下方（图 121—图 123）。

图 121

图 122

图 123

承上。双手保持姿势不变；上体保持直立，重心下降，并缓缓向左拧转约 180°；同时，吸气，两腿屈膝，左大腿面呈水平，右腿膝关节跪地，五趾着地，脚后跟翘起；双目随转体向左注视（图 124、图 125、图 125 附图）。

图 124

图 125

图 125 附图

注：吸气、下跪步拧转身体如图 125，呼气、身体缓缓立起，回转身还原成如图 123。此动作一起一落为一组，常规练习可重复 4 组。

承上。上体右转约 90°，身体直立；同时，右掌先保持姿势不变，左臂绕至身前并从腹前向右、向上划弧上抬，在头顶与右臂相交叉，随即呼气，两臂再各自向左右两侧划弧下落，双掌重叠抱于腹前做叠手印；目平视前方（图 126—图 131）。

图 126

图 127

图 128

图 129

图 130

图 131

承上。上体向左前方斜拧约 45°，重心左移，左腿微曲支撑身体；同时，吸气，左臂屈肘上抬随体左摆，前臂与肩同高，内旋腕，掌心斜朝下至左胸外侧；右手立掌稍上抬护于左肋前，掌心向左；目随左手（图 132、图 133）。

图 132

图 133

承上。随即，上体右转约135°，微前倾，双腿成右弓步；同时，左臂稍沉肘，随体摆动时外旋腕，使掌心向前，待摆动至身体正前方时掌心向上，与肩同高；右臂随体摆动时内旋腕，使掌心朝下，附按于左肘关节内侧；目随左手（图134、图135）。

图 134

图 135

承上。重心后移，上体直立；左腿稍屈膝支撑身体，右脚脚跟着地；同时，呼气，左臂屈肘回收，肘尖贴近右侧腹前；左臂屈肘，内旋腕向后反抄，使掌背贴于腰间命门穴处；目随左掌（图136）。

图 136

承上。身体左转约180°，两腿成左弓步；同时，左臂先保持姿势随体转动，再直臂向下、向左、向上环绕，然后再屈肘、内旋腕，使左腕贴脑部后侧环绕，手掌四指搂扣于右侧腮、颈部位；稍右拧头，目视右下方（图137—图139）。

图 137

图 138

图 139

承上。双手保持姿势不变；上体保持直立，重心下降，并缓缓向右拧转约 180°；同时，吸气，两腿屈膝，右大腿面呈水平，左腿膝关节跪地，五趾着地，脚后跟翘起；双目随转体向右注视（图 140、图 141）。

图 140

图 141

注：吸气、下跪步拧转身体如图 141 所示，呼气、身体缓缓立起，回转身还原成如图 139 所示。此动作一起一落为一组，常规练习可重复 4 组。

承上。身体直立，上体左转约 90°，左脚回收半步；同时，左掌先保持姿势不变，右臂绕至身前并从腹前向左、向上划弧上抬，在头顶与左臂相交叉，随即呼气，两臂再各自向左右两侧划弧下落，双掌重叠抱于腹前做叠手印；目平视前方（图 142—图 146）。

要点提示：逆呼吸；通过身体充分拧转、回捋，使颈、肩、腰背及下肢关节筋骨、肌腱、关节自上向下得到加强和调节，动作时要以意导气、内外合一、圆活顺达、舒缓大方、重心稳固。

功效：加强脾胃、肾脏等功能，缓解机体劳损症状，促进血液循环，增进身体健康。

图 142

图 143

图 144

图 145

图 146

八、三盘落地

承上。左脚向左跨半步，步距稍大于肩，全身直立；同时，两臂内旋腕使掌心朝下，左掌在上，掌心俯按右掌背直接向上抬起并上举至头上方。随即两臂直臂从身体两侧向下落，然后，再向前划弧向划托举至与肩同高，与肩同宽，掌心朝上；目视前方（图 147—图 152）。

图 147

图 148

图 149

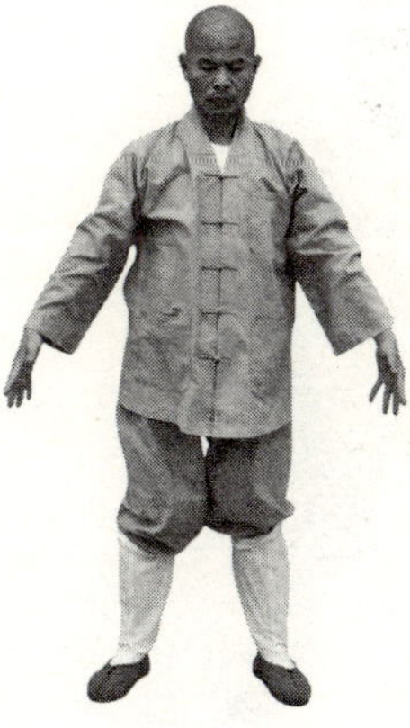

图 150

图 151

图 152

承上。身体重心稍降，两腿稍屈膝；同时，稍屈肘、内旋腕，使两掌掌心朝下，缓缓向下按掌至小腹前两侧；目视前下方（图 153、图 154）。

图 153

图 154

承上。身体重心上升，身体直立；同时，两臂外旋腕使掌心朝上，缓缓向上托起至与肩同高；目视前方（图 155、图 156）。

图 155

图 156

承上。身体重心下降，两腿屈膝成马步姿势；同时，两掌内旋腕，使掌心朝下，缓缓向下按掌至大腿平面前两侧；目视前下方（图 157、图 158）。

图 157

图 158

承上。身体重心上升，身体直立；同时，两臂外旋腕使掌心朝上，缓缓向上托起至与肩同高；目视前方（图 159、图 160）。

图 159

图 160

承上。身体重心下降，两腿屈膝跪地，两脚勾紧，脚尖外撇，脚内侧与大小腿内侧贴地；同时，两掌内旋腕，使掌心朝下，缓缓向下按掌至大腿两侧地面；目视前下方（图 161、图 162）。

图 161

图 162

注：三盘落地，指身体重心的下降根据体质分三个层次，或通过高、中、低三个阶段完成，动作从图 153 至图 162 为一组，常规练习可重复 4~8 组。

承上。身体重心上升，身体直立；同时，两掌内折腕使掌背相对、紧贴，顺身体前面向上举起至头上方，随两臂缓缓上举之势，两掌心由向内变成内旋腕向外，然后一并从左右两侧向下落，最后在腹前重叠结叠手印；双目先随双掌移动，结印时平视前方（图 163—图 169）。

要点提示：自然呼吸；上体直立，动作上下重复起蹲 3 遍，层次渐次加深，目的旨在锻炼下肢、腰、臀、腿等部位功能。由于难度加大，初学者可以循序渐进，等一盘有功底后再进行第二盘的演练，到一盘、二盘可以自由进行时，再进入第三盘的练习。

功效：交通心肾，平衡脏腑，固本培元，增益丹田之气，吐故纳新、调和气血，促进新陈代谢，健康机体。

图 163

图 164

图 165

图 166

图 167

图 168

图 169

九、青龙探爪

承上。吸气，身体左转约 90°，上体稍前倾；右脚向后退一大步，左腿屈膝前弓，右腿微屈膝伸直，脚前掌着地，脚后跟翘起；同时，左掌直臂随体向左、向后抬起、摆动，略低于肩，掌心向下；右掌随体向前上方穿出，掌心朝上，略高于肩；目视前方（图 170—图 172）。

图 170

图 171

图 172

承上。身体右转约 180°，成右弓步；同时，右手掌姿势不变，随转体向右云摆至身体正前方；左臂斜架于身体左后方，掌心斜朝下；目随右掌（图 173、图 174）。

图 173

图 174

承上。呼气，上体继续右拧约 45°，右掌直臂向右、向上在身体右侧立体划圆后，上体回拧约 45°，左掌护在右肋部位。然后，上体左转约 180°，稍前倾；同时，左腿屈膝弓腿，右腿稍屈膝伸直，脚前掌着地，脚后跟拔起；右掌直臂向下、向上、再向右云摆，最后屈肘，用腕部与手背部位斜护于左颈大动脉处，掌心朝外；左臂贴身盘护于右肋处，掌心向上；头稍左拧，目视左前方（图 175—图 178）。

图 175

图 176

图 177

图 178

承上。上体在此基础上再尽力左拧约 45°；两臂及手掌姿势不变；两腿成右跪步；目随转体方向（图 179）。

图 179

图 180

承上。上体回拧约 45°，配合两腿伸直、身体立起，向右转体约 90°；两臂手掌姿势不变；目随体转注视右下方（图 180）。

注：图 178—图 180 动作为一组，吸气、身体站立右转如图 180 所示，呼气、跪步左拧上体如图 179 所示，此一起一落为一组，常规练习可重复 4 组。

承上。右脚回收半步，身体直立；两臂交叉上举并在头顶上方，配合呼气，向左右两侧下落，两掌合拢，在腹前做叠手印；目视前方（图 181—图 184）。

图 181

图 182

图 183

图 184

承上。吸气，身体右转约 90°，上体稍前倾；左脚向后退一大步，右腿屈膝前弓，左腿微屈膝伸直，脚前掌着地，脚后跟翘起；同时，右掌直臂随体向右、向后抬起、摆动，略低于肩，掌心向上；左掌随体向前上方穿出，掌心朝上，略高于肩；目视前方（图 185、图 186）。

图 185

图 186

承上。身体左转约 180°，左腿屈膝弓腿，右腿稍屈膝伸直，脚前掌着地，脚跟翘起；同时，左手掌姿势不变，随体向左云摆至身体左后方，掌心向上；右臂随体云摆至身体右后方，掌心斜朝上；目随右掌（图 187、图 188）。

图 187

图 188

承上。呼气，上体继续左拧约 45°，左掌直臂向左、向上在身体左侧立体划圆后，上体回拧约 45°，右掌护在左肋部位。然后，上体右转约 180°并稍前倾；同时，右腿屈膝弓腿，左腿稍屈膝伸直，脚前掌着地，脚后跟拔起；左掌直臂向下、向上、再向左云摆，最后屈肘，用腕部与手背部位斜护于右颈大动脉处，掌心朝外；右臂贴身盘护于左肋处，掌心向上；头稍右拧，目视右前方（图 189—图 193）。

承上。上体在此基础上再尽力右拧约 45°；两臂手掌姿势不变；两腿成左跪步；目随转体方向（图 194）。

图 189

图 190

图 191

图 192

图 193

图 194

承上。上体回拧约 45°后，配合两腿伸直、身体立起，向左转体约 90°；两臂手掌姿势不变；目随体转注视左下方（图 195）。

图 195

注： 图 193—图 195 动作为一组。吸气、身体站立右转如图 195 所示，呼气、跪步右拧上体如图 194 所示，此一起一落为一组，常规练习可重复 4 组。

承上。左脚回收半步，身体直立；两臂交叉上举并在头上方，配合呼气，向左右两侧下落，两掌合拢，在腹前做叠手印；目视前方（图 196—图 199）。

图 196

图 197

图 198

图 199

要点提示：顺式呼吸；“龙爪”手五指张开，各呈角度，爪心含空，气脉集中于此，动作时切忌僵硬；身体扭转幅度大顺达，应稳固重心，保持平衡。

功效：舒活筋骨，舒展肌群，疏肝理气，强身固腰，促进肝肾及胆等的功能，调畅情志，贯通气血。

十、饿虎扑食

承上。两掌内旋腕使掌心朝下，左上右下，从身前向上抬起。随即，身体左转约 90°，上体前俯；左腿屈膝上提并向前跨步，屈膝弓腿，右腿伸直，脚尖着地，脚后跟翘起；同时，两臂上举至头顶上方后，随上体前俯之势，从左右两侧下落，并顺身体两侧直臂向前、向上摆动、托掌，掌心朝上，高与下颌齐；目视前方（图 200—图 205）。

图 200

图 201

图 202

图 203

图 204

图 205

承上。身体重心后移，上体直立；右腿稍屈膝支撑身体，左脚跟点地，脚尖翘起；同时，两臂屈肘，使两掌向后、向下收回两腰侧，掌心朝上。随即，左脚提起向前迈一大步，屈膝弓腿，右腿挺直，脚前掌着地，脚跟翘起，臀部撑起略高于头部；同时，上体前俯；两掌同时向下、向后、向上、再向前下方划弧摆动，最后，在身体前下落，两掌撑按地面，位置在头前两侧；目视前下方地面（图206—图211）。

图 206

图 207

图 208

图 209

图 210

图 211

承上。吸气，身体重心降低、前移；左腿膝关节屈紧；同时，两臂屈肘，使头部先弓腰后缩，然后配合全身前挺，腰部下凹，肘关节挺直，头面部位贴地向前、向上伸出、挺起；目视前上方（图 212—图 214）。

图 212

图 213

图 214

承上。呼气，身体重心后移；左腿膝关节用力撑起臀部；同时，两肘关节屈曲，使头面部位向下、向后回缩，配合两肘伸直，臀部高于头部；目视下方（图 215、图 216）。

图 215

图 216

注：图 211—图 216 动作为一组。吸气、身体前挺仰头如图 214 所示，呼气、身体回缩如图 216 所示，一伸一缩为一组，常规练习可重复 4 组。

承上。身体重心后移，身体立起；两臂推撑地面后向上抬起，随上举至头顶上方，身体右转 180°；目视前方（图 217—图 220）。

图 217

图 218

图 219

图 220

承上。右腿屈膝上提并向前跨步，屈膝弓腿，左腿伸直，脚尖着地，脚后跟翘起；同时，两臂上举至头顶上方后，随上体前俯之势，从左右两侧下落，并顺身体两侧直臂向前、向上摆动、托掌，掌心朝上，高与下颌齐；目视前方（图 221—图 223）。

图 221

图 222

图 223

承上。身体重心后移，上体直立；左腿稍屈膝支撑身体，左脚跟点地，脚尖翘起；同时，两臂屈肘，使两掌向后、向下收回两腰侧，掌心朝上。随即右脚提起向前迈一大步，屈膝弓腿，左腿挺直，脚前掌着地，脚跟翘起，臀部撑起略高于头部；同时，上体前俯，两掌同时向下、向后、向上、再向前下方划弧摆动，最后，在身体前下落，两掌撑按地面，位置在头前两侧；目视前下方地面（图 224—图 229）。

图 224

图 225

图 226

图 227

图 228

图 229

承上。吸气，身体重心降低、前移；右腿膝关节屈紧；同时，两臂屈肘，使头部先弓腰后缩，然后，配合全身前挺，腰部下凹，肘关节挺直，头面部位贴地向前、向上伸出、挺起；目视前上方（图 230、图 231）。

图 230

图 231

承上。呼气，身体重心后移；右腿膝关节用力撑起臀部；同时，两肘关节屈曲，使头面部位向下、向后回缩，配合两肘伸直，臀部高于头部；目视下方（图 232—图 234）。

图 232

图 233

图 234

注：图 229—图 234 动作为一组。吸气、身体前挺仰头如图 231 所示，呼气、身体回缩如图 234 所示，一挺一缩为一组，常规练习可重复 4 组。

承上。身体重心后移，身体立起，左转约 90°；同时，吸气，两臂在身前交叉上举；呼气，两臂从身体两侧下落，并在腹前结叠手印；目视前方（图 235—图 238）。

要点提示：顺式呼吸；动作伸展充分，伸缩圆活，紧而不僵，疏而不散。

功效：动作涉及全身各个部位，锻炼充分。能有效地改善颈、肩、腰、背、腹、腿等部位的骨骼、肌肉、关节的柔韧、力量、平衡功能，贯通气血，舒展经脉，调养任脉，按摩脏腑；调理气息，安定心神。

图 235

图 236

图 237

图 238

十一、打躬式

承上。两掌内旋腕，使掌心朝下，两臂直臂从身前直接向上抬起、上举，与肩同宽，随即两掌分开从左右两侧下落并划弧向前、向上托掌，掌心朝上，与肩同宽同高；目视前方（图239—图244）。

图 239

图 240

图 241

图 242

图 243

图 244

承上。两掌下落并向后、向上划弧上举至头两侧上方，然后，屈肘，两肘尖朝外，内旋腕，使两掌掌心从两侧挤按在两耳上，密封耳孔，各掌四指紧贴脑后枕骨处；目视前下方（图245—图249）。

图 245

图 246

图 247

图 248

图 249

承上。吸气，双腿挺直，上体前俯约 180°；同时，各掌食指、中指、无名指三指反复叩击脑后枕骨；微闭目（图 250、图 251）。

图 250

图 251

承上。呼气，上体一边直立，手指一边不停叩击枕骨，直到身体完全直立；目视前方（图 252、图 253、图 253 附图）。

图 252

图 253

图 253 附图

承上。身体姿势不变；双掌各四指扣紧枕骨部位，然后，两掌掌心突然张开；目视前方（图 254、图 254 附图）。

图 254

图 254 附图

注：图 249—图 254 动作为一组，吸气、俯身叩击枕骨如图 251 所示，呼气、身体直立，两掌张开如图 254，常规练习可重复 4~8 组。

承上。两臂上举，并从左右两侧下落至腹前做叠手印；目视前方（图 255—图 257）。

要点提示：顺式呼吸；上体等俯幅度较大，应注意重心稳定；腰背屈曲紧而不僵，双手劳宫穴区对耳孔；弹指有节奏，外展掌心有突然性；松静自然，身心合一。

功效：加强督脉功能，调节经气，使人体阳气充足；改善腹背及能涉及的骨骼筋脉、肌肉功能，强健腹肾；“鸣天鼓”可以使人提神醒脑，耳聪目明，消除大脑疲劳。

图 255

图 256

图 257

十二、掉尾式

承上。左脚向左稍展，两腿直立，身体挺直，左转约 90°；同时，两掌十指相扣，向上举至头上方，掌心朝上；目视前方（图 258—图 260）。

图 258

图 259

图 260

承上。上体右拧、前俯，两腿挺直；两掌掌心朝下贴身下落，双掌按压在右腿外侧膝关节处；目随双掌（图 261、图 262）。

图 261

图 262

承上。上体左转、挺起，两掌直臂向上推撑，随即，上体右拧、前俯，两掌向右下方按压至右小腿中段外侧；目随双掌（图 263—图 266）。

图 263

图 264

图 265

图 266

承上。上体左转、挺起，两掌直臂向上推撑，随即，上体右拧、前俯，两掌向右下方按压至右脚外侧地面；目随双掌（图 267、图 268）。

图 267

图 268

承上。身体直立、右转约 90°；两掌十指相扣向头上方挺举，掌心朝上；目随双掌（图 269—图 271）。

图 269

图 270

图 271

承上。上体左拧、前俯，两腿挺直；两掌掌心朝下贴身下落，双掌按压在左腿外侧膝关节处；目随双掌（图 272、图 273）。

图 272

图 273

承上。上体右转、挺起，两掌直臂向上推撑，随即，上体左拧、前俯，两掌向左下方按压至左小腿中段外侧；目随双掌（图 274、图 275）。

图 274

图 275

承上。上体右转、挺起，两掌直臂向上推撑，随即，上体左拧、前俯，两掌向左下方按压至左脚外侧地面；目随双掌（图 276、图 277）。

图 276

图 277

承上。身体直立，两腿挺直，两掌十指相扣向头上方挺举，掌心朝上。随即，上体前俯，双掌向前下方按压至膝关节前面；目随双掌（图 278—图 281）。

图 278

图 279

图 280

图 281

承上。身体直立，两膝挺直；两掌相扣向上挺举，随即，上体前俯，双掌向前下方按压至小腿胫骨中段；目随双掌（图282—图285）。

图 282

图 283

图 284

图 285

承上。身体直立，两膝挺直；两掌相扣向上挺举。随即，上体前俯，双掌向前下方按压至双脚前地面上；目随双掌（图286、图287）。

图 286

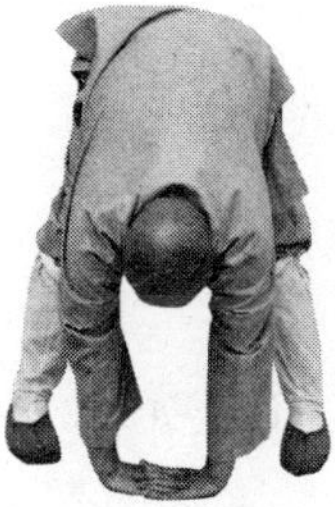

图 287

注：全组动作分初级、中级、高级三个层次。初级可先压按掌至膝关节或以上，中级压按至膝关节以下，高级可按压掌至地面。左侧三动、右侧三动、中间三动皆是如此。常规练习可重复 4~8 次。

承上。上身挺起，全身直立；两臂向上挺举后分掌，从左右两侧下落，在腹前结叠手印；目视前方（图 288—图 290）。

图 288

图 289

图 290

要点提示：顺式呼吸；动作通过头、颈、胸、腹、骶椎逐节前伸、弯曲、扭转、起伏，融入了全身多个部位的参与和活动，幅度大、难度高，练习时应参照“三盘落地”的方法，循序渐进，不可急功近利或贪功冒进。

功效：加强督任二脉功能，调和阴阳，通畅气血、经脉，强腰固肾，加强筋骨肌肉柔韧、力量、平衡等的锻炼，强身健体。

收式

承上。双腿及躯干姿势不变；双掌缓缓外旋腕使掌心向外，同时吸气，双臂直臂缓慢由两侧向上托举，至头顶正上方时双掌心合拢；抬头，目视双手（图 291—图 293）。

图 291

图 292

图 293

承上。双腿姿势不变；呼气，两臂屈肘，双掌合十由上向下缓慢落至胸前；双目先随双掌下落，待至胸前成合掌姿势时，微抬头，目视正前方（图 294、图 295）。

图 294

图 295

承上。双腿姿势不变；吸气，双掌合十双臂挺肘缓慢向上举起；目随双掌（图 296）。

图 296

承上。双腿姿势不变；呼气，两掌自头顶正上方向左右两侧分开，内旋腕，使掌心向下，随即双臂直臂下落至身体两侧下方，掌心贴近裤缝；目视前方（图297、图298）。

图 297

图 298

少林寺八段锦

歌诀

双手托天理三焦，
左右开弓似射雕。
调理脾胃须单举，
五劳七伤往后瞧。
攥拳怒目增力气，
背后七颠百病消。
摇头摆尾去心火，
双手攀足固肾腰。

行功图解

起式

全身直立，松静自然；头正、腰直，含胸、蓄腹，头顶百会穴与裆下长强穴成一条直线；双目平视前方，口微闭，以鼻呼吸，细、长、深、缓，定气凝神；松肩，两臂自然下垂，双掌心微贴于大腿两侧；两腿开立与肩同宽，脚尖稍外撇，十趾抓地（图 299）。

图 299

承上。下肢姿势不变；双臂外旋腕，使掌心向外，同时，吸气，双臂直臂缓慢由两侧向上托举，至头顶正上方时双掌合拢，掌心含空；抬头，目视双掌（图 300、图 301）。

图 300

图 301

承上。呼气，两臂屈肘，双掌由上向下缓慢落至胸前；双目先随双掌下落，待至胸前成合掌姿势时，微抬头，目视正前方（图 302、图 303）。

图 302

图 303

承上。稍顿。吸气，双臂挺肘缓慢向上举起，双掌合十，指尖尽力上举；目随双掌（图 304）。

承上。呼气，两掌自头顶正上方向左右两侧分开，内旋腕，使掌心向下，随双臂直臂下落至体两侧下方时，屈肘、屈腕，两掌重叠于腹前做叠手印，掌心向上，右上左下，两大拇指尖相对；目视前方（图 305、图 306）。

图 304

图 305

图 306

要点提示：动作要求舒展大方，轻缓圆柔，精神饱满，气定神闲；呼吸与动作要同时进行，气式合一；呼吸以鼻呼鼻吸为主，自然呼吸，气要细、慢、长、均匀；双手合掌上举动作要使身体整体充分伸展；下落于胸前和下落至腹前做叠手印时气要下沉。

注：少林八段锦常规练习要掌握以下四个步骤。

第一步，掌握标准动作。动作规范，轻缓柔顺，不僵不拘，劲力松紧绵柔有度，收发顺达，增加练习至熟练、自然。

第二步，掌握呼吸。呼吸共三种方法：(1) 初学者宜采用自然、习惯性呼吸法，即动作伸展或回收时，可以吸气，也可以呼气，完全按照自己的习惯性进行，彻底顺其自然。(2) 阶段性完成后，可以尝试自然性深腹式呼吸法，即用鼻做自然深腹式呼吸，吸气时小腹部隆起，呼气时小腹部内收，一般动作开始以吸气为多，动作终了以呼气为多，做到深、长、匀、静。(3) 逆腹式呼吸法。久练之后，逐步改用逆腹式呼吸，提高难度，作用加倍。三种呼吸方法因人而异。因人而宜，只要身心清净、自然顺达，皆为善法。

第三步，掌握动作与呼吸配合。强调内外协调一致、融合一体，用意识引导动作，以动作配合呼吸，做到意到身随、协调自然。

第一式 双手托天理三焦

承上式。下肢姿势不变；吸气，双手十指在腹前相交叉，手掌心向上，以肘关节为轴，使前臂与掌呈水平向上托至胸部；目视前方（图 307）。

图 307

承上。呼气，双臂继续上抬，同时，双腕内旋，使掌心向内、向下再向外翻转约 270°左右，随即，双臂上举，双腕继续外翻约90°，使掌心朝上，手背俯按于头顶百会穴上（图 308、图 309、图 309 附图）。

图 308

图 309

图 309 附图

承上。吸气，两脚尖立地支撑，脚后跟缓缓向上拔起，身体挺直；同时，双掌直臂向上缓缓托举，掌心向上；目视前方（图 310、图 310 附图）。

图 310

图 310 附图

当身体拔高至极限时闭气，稍顿，随即呼气，双脚跟缓缓落地，双臂稍屈肘，使双掌下落还原成双掌背俯按于头顶的姿势（图 311）。

图 311

注：动作图 308—图 310 的一起一落为一组，可反复练习，常规演练可重复 8 组。

承上。吸气，双臂向左右两侧分开，呼气，两臂缓慢下落，经由下体两侧向腹前合拢，双手成叠手印状；目视前方（图 312、图 313）。

图 312

要点提示：向上托举和下落时动作舒缓、顺达，向上托举时身体各个关节、肌腱要充分拉直、伸展；意念使双掌由脚尖点地之力，通过身体挺拔输送，尽力向上托举至极限；勤做多练，增加踝关节的支撑力，保持平衡；气动合一。

图 313

健身功效:(1) 三焦是中医藏象学说中一个特有的名词，六腑之一，是上、中、下三焦的合称，即横膈以上包括心、肺内脏器官为上焦；横膈以下至脐包括脾、胃、肝、胆等内脏器官为中焦；脐以下包括肾、大肠、小肠、膀胱内脏器官为下焦。此动作通过肢体伸展与深长呼吸相配合，起到加强、矫正腰椎，脊椎肌腱，颈，脊关节紊乱、变形的作用以及增大对脊柱两旁神经根的刺激，提升督脉阳气，加强五脏六腑的功能，促进三焦协调，维持机体平衡的保健功能。对颈椎病、肩周炎、腰脊椎病等都有积极的治疗作用。(2) 从双脚尖到双掌外沿，使身体有一个竖向极度伸展、拉长的过程。肢体关节、肌腱，包括胸腔的充分伸展，伴随吸氧吐浊深长、饱满的呼吸，使三焦横膈挤压、蠕动脏腑，二便通畅，缓解胀气、积食等症状，还可以有效地消除疲劳，改善气血运行和供血、供氧等的不足，提高平衡能力。

第二式 左右开弓似射雕

承上式。左脚在原有开步的基础上向左侧再跨半步，成左弓步姿势；同时，吸气，上体缓缓左转约 90°，左手仰掌收抱于左腰间，右臂直臂右伸，稍高于肩，掌心向左，随转体之势向左缓缓平摆；目随右掌（图 314—图 316）。

图 314

图 315

图 316

承上。当右臂摆至身体正前方时，身体重心后移，成右弓步；同时，呼气，随上体右转约90°并成右倾之势，右臂屈肘，食指、中指由剑指状变弯曲，如拉弓扣弦状贴胸向右后方拉拽，高与肩平，手心朝里，左手掌成剑指状向左上方缓缓伸出，高于头部，力达指尖；目随左手（图317、图318）。

图 317

图 318

承上。下肢不变；上体缓缓右转约90°，同时，吸气，右手变掌收抱于右侧腰间，左手变掌直臂随体向右缓缓平摆至身体正前方，指尖朝前；目随左掌（图319、图320）。

图 319

图 320

承上。身体重心后移，成左弓步姿势；同时，呼气，随上体左转约90°并成左倾之势，左臂屈肘，左掌食指、中指呈剑指并变弯曲，如拉弓扣弦状贴胸向左后方拉拽，高于肩平，手心朝里，右手掌成剑指状向右上方缓缓伸出，高于头部，力达指尖；目随右手（图321、图322）。

图 321

图 322

注： 图315—图322的动作一左一右为一组，可反复练习，常规演练可重复4组。

承上。左脚收回半步，身体直立；同时，吸气，两臂伸直在体前下方交叉、上举。随即，呼气，两臂从头前上方向左右两侧下落，继而在体前腹部合拢，双掌结叠手印；目视前方（图323—图325）。

图 323

要点提示： 动作舒缓大方，挺胸、展肩、开胯；呼吸深长均匀，劲力力达指端；以意领气、以气催力，与动作紧密配合；拉弓时上肢动作相对伸展要同时，下肢弓步开胯要沉稳；上下劲力要保持整体性；气动合一。

健身功效：此为横向伸展、牵拉的动作，通过扩胸、展臂、开胯，能有效地增强全身肌肉的柔韧性和力量，加大心肺功能和呼吸量，增进血液循坏；同时，对预防和矫正肩、颈、腰、膝等疾病有积极疗效。

图 324

图 325

第三式 调理脾胃须单举

承上式。吸气，左手姿势不变，右手掌从叠手印姿势直接沿胸、面部位向上托举，至超过头面部位后内旋腕 180°变掌心仍然向上，直臂缓缓上举；同时，左手掌掌心向下，直臂缓缓向左胯稍后侧下按；两脚跟慢慢提起，两脚尖支撑身体；身体挺直；双目先随右掌，待其上举时，缓缓转头，目视左方（图 326—图 328）。

图 326

图 327

图 328

承上。双脚跟徐徐下落，双腿直立；同时，呼气，右掌外旋腕使掌心向内，屈肘，使前臂顺身体面前缓缓下落；左掌外旋腕，使掌心向内并沿腹、胸上穿于右前臂内侧，两前臂在胸前交叉；目随左手（图 329、图 330）。

图 329

图 330

承上。两脚跟再次慢慢提起，身体挺直；同时，吸气，左掌内旋腕掌心朝上，挺臂上举；右掌掌心向下直臂按于右胯稍后侧；目视右方（图 331、图 332）。

图 331

图 332

注：图 326—图 332 的动作一左一右为一组，可反复练习，常规演练可重复 4 组。

承上。两脚跟下落，身体挺直；吸气，左手姿势不变，右手由下向左、向上划弧上举，两臂在头上方交叉，随即呼气，两臂向左右两侧分开、下落，并于腹前交叉成叠手印状；目视前方（图 333—图 336）。

图 333

要点提示：上举时，身体从脚尖到掌外沿要保持充分伸展，极度拉伸。配合呼气使上下掌张力充沛；

动作舒缓大方；保持平衡；气动合一。

健身功效： 此动作属纵向伸展类运动，通过上肢反复上举与下按的充分伸展，可以起到牵拉和按摩中焦脾胃、肝胆等脏器，刺激躯干相关经络或腧穴，调理脾胃的保健作用；同时，对脊椎的灵活性、稳固性都有较好的纠正和治疗效果。

图 334

图 335

图 336

第四式 五劳七伤往后瞧

承上式。下肢动作不变；吸气，双掌内旋腕成掌心朝下，由腹部向前、向上直臂抬起并继续上举至头上方，与肩同宽，掌心朝前；目随双手（图 337、图 338）。

图 337

图 338

承上。呼气，两臂向左右两侧分开向下（掌心朝下）、向前（掌心朝前），再向上平托至胸前，与肩同高、同宽，掌心向上；目视前方（图 339—图 342）。

图 339

图 340

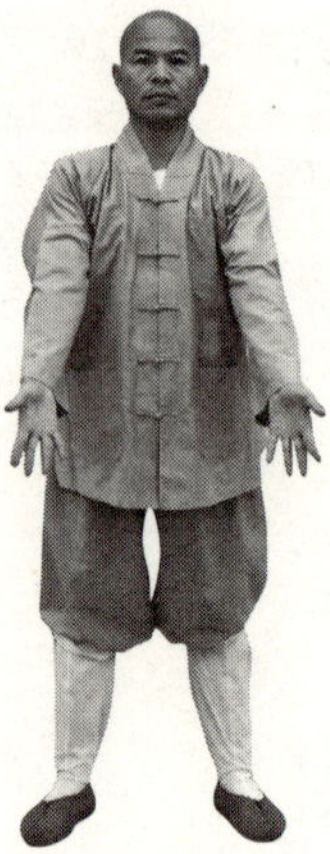

图 341

图 342

承上。吸气，左脚向左跨半步，两腿直立；同时，两臂先下落于胯部两侧，然后，直臂从两侧上托、上举至头部两侧上方，掌心朝前；目随双手（图 343、图 344）。

图 343

图 344

承上。呼气，上体前俯约90°；两臂随体下落至两腿中间，掌心朝后；目随双手（图345）。

图 345

承上。两腿姿势不变；缓缓吸气，同时上体缓缓右拧、后仰、左转并右倾，以腰部为轴向后涮腰半周后上体尽力向左后方拧转；两臂随体摆动后左掌扶按于右胯侧，右掌扶按于左胯侧，闭气；目视左后下方（图346—图350）。

图 346

图 347

图 348

图 349

图 350

承上。吸气，上体前俯腰并右拧至身体正中部位；两臂下垂，两掌置于两腿间，掌心朝后；目随两掌（图 351、图 352）。

图 351

图 352

承上。两腿姿势不变；吸气，上体左拧、后仰、右转并左倾，以腰部为轴向后涮腰半周后上体尽力向右后方拧转；两臂随体摆动后左掌扶按于右胯侧，右掌扶按于左胯侧，闭气；目视右后下方（图 353—图 357）。

图 353

图 354

图 355

图 356

图 357

注：图 346—图 357 的动作一左一右为一组，可反复练习，常规演练可重复 4 组。

承上。呼气，上体左转并由前俯腰姿势恢复至身体正中部位。然后，挺腰直身；同时，吸气，左脚回收半步，两腿直立；两臂由下垂变为上抬、上举至头部左右上方，掌心朝前，随即呼气，两臂从左右两侧自然下落，继而双掌在腹前结叠手印；目视前方（图 358—图 363）。

图 358

图 359

图 360

图 361

图 362

图 363

要点提示：涮腰时以腰为轴、松活圆柔，上体左右前后摆动时幅度要大而不僵；下盘转换灵活且要稳固；做“向后瞧”动作时上体要尽力向相反方向拧转；动作协调、舒缓、轻盈；气动合一。

健身功效：《素问》中“五劳”即指久视伤血、久卧伤气、久坐伤肉、久立伤骨、久行伤筋；“七伤”指喜、怒、悲、忧、恐、惊、思或大饱伤脾，大怒气逆伤肝，强力举重久坐湿地伤肾，形寒饮冷伤肺，形劳意损伤神，风雨寒暑伤形，恐惧不节伤志等。人们以此来说明导致人体情志失调或违反自然规律、久积成劳使身体虚弱多病的症状。通过练习此动作，可以加强颈、肩、腰等部位关节、脊椎、肌肉等的运动幅度、柔韧度、协调性和稳固性，改善血液循坏，刺激相关经络和穴位，缓解中枢神经疲劳等，达到对脏腑、肢体、情志的多样化治疗和保健功效。

第五式　攥拳怒目增力气

承上式。左脚向左跨半步，屈膝，两腿成马步姿势，上体立直；同时，吸气，两臂向前抬起，与肩同高、同宽，掌心朝下，随即两掌立腕，五指张开，外旋腕，使掌心向上，缓缓握成拳收于两腰间，拳心向上；目视前方（图364—图368）。

图 364

图 365

图 366

图 367

图 368

承上。下肢姿势不变；上体右拧约 45°，同时，呼气，左手握拳缓缓向前冲出，拳心朝下，高与肩平，力达拳面；目视拳的前方（图 369、图 370）。

图 369

图 370

承上。吸气，左手由拳变掌，五指分开，外旋腕，使掌心向上，继而缓慢握拳收回于腰间；双目先随左手，待左拳回收腰间时，目视前方（图 371—图 374）。

图 371

图 372

图 373

图 374

承上。上体左拧约45°，同时，呼气，右手握拳缓缓向前冲出，拳心朝下，高与肩平，力达拳面；目视拳的前方（图375、图376）。

图 375

图 376

承上。吸气，右手由拳变掌，五指分开，外旋腕，使掌心向上，继而缓慢握拳收回于腰间；双目先随右手，待左拳回收腰间时，目视前方（图377—图381）。

图 377

图 378

图 379

图 380

图 381

注：图 368—图 381 的动作一左一右为一组，可反复练习，常规演练可重复 4 组。

承上。身体立起，左脚回收半步，两腿直立；同时，吸气，两臂在身前下方交叉、上举，至头前上方。随即，呼气，两臂从左右两侧自然下落，两掌在身前腹部合拢，结叠手印；目视前下方（图 382—图 385）。

图 382

图 383

图 384

图 385

要点提示：马步要稳固；冲拳缓慢以意领气，劲达拳面；旋腕握拳、收拳要舒缓柔畅；面部表情要表现出凝眉、怒目，使握固劲力凝聚；气动合一。

健身功效：此动作有固腰培元、强筋健骨、疏肝活血、运劲增力等作用。以气引意，调达血脉，增加劲力；固腰培元，丹田充盈；肢体舒展，关节、肌腱灵活、稳固。

第六式 背后七颠百病消

承上式。下肢动作不变；吸气，两掌内旋腕，使掌心朝下，左上右下，顺上体前面缓缓上抬、上举至头上方左右两侧，掌心向外；目随双掌（图 386、图 387）。

图 386

图 387

承上。呼气，两臂从左右两侧下落至背后命门穴处，十指交叉，掌心朝外，掌背紧贴腰部；目视前方（图 388、图 389）。

承上。吸气，两脚尖支地，脚后跟拔起，双腿挺直，挺身立腰，头部上顶；同时，两臂伸直使掌心朝下向下按；目视前方（图 390、图 390 附图）。随即，呼气，脚后跟下落（图 391）。

图 388

图 389

图 390

图 390 附图

图 391

注：图 389—图 391 的动作一起一落为一组，可反复练习，常规演练可重复 8 组。

承上。两臂摆至身前下方相交叉，左上右下，随即吸气，上举至头前上方。吸气，两臂从左右两侧自然下落，两掌在腹前结叠手印；目视前方（图 392—图 395）。

图 392

图 393

图 394

图 395

要点提示： 提脚跟时头部主动上顶；双臂手掌尽力下压；保持平衡；气动合一。

健身功效： 加强足底肌腱、脚弓和小腿相关肌腱的力量；锻炼平衡能力；调节各脏腑能力，提高经络气血运行；消除疲劳。

第七式 摇头摆尾去心火

承上式。下肢不变，身体挺直；吸气，双掌向下、向左右两侧分开，随即，双臂向上托举至头上方两侧，掌心相对；抬头，目视双掌上方（图 396—图 398）。

图 396

图 397

图 398

承上。左脚向左跨步，两腿屈膝下蹲成马步姿势，上体直立；同时，呼气，两掌分别顺身体左右胸部两侧向下按于两膝关节上面，扣腕，四指向内，大拇指在外，掌外沿朝前；目视前方（图 399、图400）。

图 399

图 400

承上。重心稍上提，并稍向右倾斜；同时，吸气、闭气，上体右拧大于 50°，并向右前方俯身，随即，以左肩领头、以头带身，以腰为轴，使上体向下、向前、向左、再向上划弧半周。然后呼气，重心稍下沉；同时，上身立腰，稍右拧还原成马步按掌姿势；头随身体摆动，立身后目视前方（图 401—图 407）。

图 401

图 402

图 403

图 404

图 405

图 406

图 407

承上。重心稍上提，并稍向左倾斜；同时，吸气、闭气，上体左拧大于 50°，并向左前方俯身，随即，以右肩领头、以头带身，以腰为轴，使上体向下、向前、向右、再向上划弧半周。然后呼气，重心稍下沉；同时，上身立腰，稍左拧还原成马步按掌姿势；头随身体摆动，立身后目视前方（图 408—图 415）。

图 408

图 409

图 410

图 411

图 412

图 413

图 414

图 415

注：图 400—图 415 的动作一左一右为一组，可反复练习，常规演练可重复 4 组。

承上。身体立起，左脚回收半步，双腿挺直；同时，吸气，两臂在身前下方交叉，随即上举至头前上方，呼气，两臂左右自然下落，两掌在腹前合拢结叠手印；目视前方（图 416—图 419）。

图 416

图 417

图 418

图 419

要点提示：上体划动幅度适中，动作舒缓、圆柔、轻灵；双腿以脚前掌为支点，通过膝关节转换配合动作力求顺达、稳固；气动合一。

健身功效：中医认为，当人体的基础物质血、津液、元阴等由于过度疲劳、久病耗损、大量失血以及饮食失宜等情况下，导致体内液态物质过度消耗或得不到及时补充，就会出现“上火”。这个“火”分心火、肝火、胃火、虚火、实火等。肾属水，心属火，水不克火，阴阳失调，心火则生。此动作摇头可刺激大椎穴，提升阳气、固本培元。摆尾可以刺激脊椎、尾闾穴、命门穴和相关神经等，提升肾阴对人体各脏腑的滋养和濡润。水火协调，阴阳平衡，心火自消。同时，大幅度地摇摆肢体，对全身关节、脊椎、肌肉都是一个加强性锻炼，对身体柔韧、灵活、协调、平衡等都有很好的锻炼和保健作用。

第八式　双手攀足固肾腰

承上式。下肢动作不变，身体直立；吸气，双掌内旋腕成掌心朝下，由腹部向前、向上直臂抬起并继续上举至头上方，与肩同宽，掌心朝前；目随双手（图 420、图 421）。

图 420

图 421

承上。呼气，两臂向左右两侧分开向下（掌心朝下）、向前（掌心朝前）、再向上平托至胸前，与肩同高、同宽，掌心向上；目视前方（图 422—图 424）。

图 422

图 423

图 424

承上。吸气，两臂先下落于胯部两侧，然后，直臂从两侧上托、上举至头部两侧上方，两手合掌，指尖朝上；目视双掌（图 425—图 427）。

图 425

图 426

图 427

承上。两手掌十指交叉，顺身体前面下落，向两腿间地面按压，双臂要直；同时，呼气，双腿蹬直，腰尽力前俯；抬头，目视前方（图 428、图 429）。

图 428

图 429

承上。稍顿，吸气，上体稍抬，与双腿保持约 90°角；同时，两臂屈肘，两掌俯按于两腿膝关节处；抬头，目视前方（图 430）。

图 430

承上。呼气，重心下降，两腿屈膝下蹲；上体保持直立姿势；目视前方（图 431）。

图 431

注：图 425—图 431 的动作一起一伏为一组，可反复练习，常规练习可重复 8 组。

承上。吸气，两腿伸直，身体直立；同时，双臂由身前向上举起，双目随手，随即呼气，两臂自上向下从左右两侧自然下落，继而两掌在腹前合拢，做叠手印；目视前方（图 432—图 435）。

图 432

图 433

图 434

图 435

要点提示：前俯腰按掌动作要腿直、臂直、屈腰，使腿后部肌腱充分伸展；下蹲动作要尽力屈曲，且保持上体直立、稳固；舒展大方、缓柔协调；气动合一。

健身功效：中医认为，腰为肾之腑，为贯通上下肢体之轴，也是人体衰老最早出现的部位之一。生活中不正确的姿势、肾虚、脊椎受损、肌肉劳损等引起的病变，都会使腰部功能受损减弱。此动作可以利用大幅度的屈伸，提高脊椎关节、肌腱、腹肌等的伸缩力和灵活性，刺激肾脏和膀胱，促进产生脏腑功能的提高，起到强腰固肾、改善和预防生殖泌尿系统疾病等作用。

收式

图 436

承上。下肢姿势不变；双臂外旋腕使掌心向外，同时，吸气，双臂直臂缓慢由两侧向上托举，至头顶正上方时双掌合拢，掌心含空；抬头，目视双掌（图 436—图 438）。

图 437

图 438

承上。呼气，两臂屈肘，双掌合十由上向下缓慢落至胸前；双目先随双掌下落，待至胸前成合掌姿势时，微抬头；目视正前方（图 439、图 440）。

图 439

图 440

承上。稍顿。随即吸气，双臂挺肘缓慢向上举起，双掌合十，指尖尽力上举；目随双掌（图 441）。

承上。呼气，两掌自头顶正上方向左右两侧分开，内旋腕，使掌心向下，随双臂直臂下落至身体两侧下方，掌心贴近裤缝；目视前方（图 442、图 443）。

图 441

图 442

图 443

少林寺罗汉十八手

少林寺罗汉十八手，又称“十八罗汉手”,是少林寺武术体系中形成较早的基础拳术之一,素有“目拳”之美誉。

据资料记载，罗汉十八手系禅宗初祖菩提达摩于北魏时期来到嵩山少林寺一带传禅讲法时，为长期壁观坐禅的僧侣量身打造的舒活筋骨、行气活血、防身自卫的简单健身操术。隋唐时已在一定范围内得到推广。

相传，少林寺历代祖师大德刚开始仅有意或无意地选择山间林中虎、豹、蛇、鹤等动物形体特性和活动，择优模仿，以期缓解疲劳、舒筋活血，创编五手、十手，直至后来逐渐发展起来十八手、三十六手等，并以佛教十八罗汉塑像造型为基础，故名。

少林寺罗汉十八手动作简单，活动量小，便于学习和演练，但拳术手眼身法步、精神气力功面面俱到，内外合一、禅拳交融，是通达禅拳最高境界的坚实基础。

行功图解

起式

全身直立，松静自然；头正、腰直，含胸、蓄腹，头顶百会穴与裆下长强穴成一条直线；双目平视前方，口微闭，以鼻呼吸，细、长、深、缓，定气凝神；松肩，两臂自然下垂，双掌心微贴于大腿两侧；两腿开立，与肩同宽，脚尖稍外撇，十趾抓地（图 444）。

承上。下肢与身体姿势不变；双臂外旋腕，使掌心向外，随即，双臂直臂缓慢由两侧向上托举，至头顶正上方时双掌合拢，掌心含空；抬头，目视双掌（图 445、图 446）。

图 444

图 445

图 446

承上。两臂屈肘，双掌由上向下缓慢落至胸前；双目先随双掌下落，待至胸前成合掌姿势时，微抬头，目视正前方（图 447、图 448）。

图 447

图 448

承上。双臂挺肘缓慢向上举起，双掌合十、指尖尽力上举；目视双掌（图 449）。

图 449

承上。两掌自头顶正上方向左右两侧分开，内旋腕，使掌心向下，随双臂直臂下落至身体两侧下方时，猛然屈肘、直腕，两掌变拳收抱于两腰侧，拳心向上；目视前方（图 450、图 451）。

要点提示：动作要求舒展大方，轻缓圆柔，精神饱满；呼吸与动作要同时进行，气式合一。

图 450

图 451

第一式 运气调息

承上。身体姿势不变；双拳变掌，掌心斜朝内上方，指尖距肚脐约三寸，随即，两脚跟拔起，身体挺直上拔，同时，双臂屈肘，前臂与掌直腕上抬，指尖约在胸前膻中穴两侧部位，掌心朝上；目随双掌（图 452、图 453）。

图 452

图 453

承上。随即，身体重心下降，双脚跟落地；同时，双掌手腕内旋，下翻成掌心朝下，徐徐向下按掌至下丹田部位；目视双掌（图454、图455）。

图 454

图 455

承上。两掌变拳迅速翻腕成拳心朝上，收抱于两腰侧；目视前方（图456）。

图 456

要点提示：双掌上托时吸气，气息缓长，胸腔饱满；双掌下按时呼气，气息下沉，丹田充盈。此动作在自己单独练习时可反复做 1~3 次。抱拳时轻快迅速，准确到位。

第二式 夫子拱手

承上。左脚向前上步，脚前掌点地，支撑体重的十分之三，双腿直立；同时，双拳变掌，双臂由屈到伸、由缓慢到猛然直臂前推掌，右掌在前，左掌在后，两手腕部交叉紧贴，双掌上立，外沿朝前；目视前方（图 457）。

要点提示：推掌动作是由缓慢的伸展，至肘部夹角大于约 75°时猛然加速，抖腕发力，吐气催力，短促沉猛。

图 457

第三式 怀中抱月

承上。右脚向前上步，与左脚平行，两脚间约一拳距离，双腿直立；同时，两肘稍向下沉并回收，两手腕先向左右两侧张开，随即，右掌指向后、向左旋腕半周，左掌指向前、向右旋腕半周，然后，双掌随两臂回收的同时，收抱于胸前，右手立掌，掌沿超前，左手仰掌，指尖斜朝右前方；目视前方（图458）。

要点提示：双掌旋腕、翻腕要明快柔顺。

图 458

第四式 白虎洗脸

承上。身体姿势不变；双臂猛然向前直臂推掌，左手抖腕立掌，外沿朝前，右掌立掌在后，两掌腕部交叉紧贴；目视前方（图459）。

要点提示：双掌推掌姿势与“夫子拱手”技术要领相似，唯推掌时双掌前后的位置不同；发力短促、沉猛。

图 459

第五式 泥里拔葱

承上。左腿微微屈膝提起，待脚尖稍稍离开地面后双腿迅速下蹲，左脚下落，以脚尖点地，双腿成左丁步；同时，右掌立掌护在左胸外侧，掌心朝左，右掌直臂贴左腿外侧向下砍掌，指尖朝下，掌心朝内；头部猛然向左摆，目视左前方（图 460、图 461）。

要点提示：下蹲身时双腿大腿面要接近水平，双腿贴紧，保持平衡；上体直立；砍掌以肘关节为轴，发力短促、顺达。

图 460

图 461

第六式 单风贯耳

承上。身体重心上升，身体立起；左脚向左方上步，右脚随即向左脚内侧跟步，双腿直立；同时，左掌以肘关节为轴向左上方划弧扳掌，手心向内，指尖斜朝左上方，高与额齐；右掌以肘关节为轴向下、向右、向上划弧摆动后，经右面颊部位前向左拍击左掌，两掌心拍击，声音响亮；目视双手前方（图462—图464）。

要点提示：上步扳手迅速、到位，两掌拍击响亮；动作连贯。

图 462

图 463

图 464

第七式 泥里剥葱

承上。身体下蹲，左脚尖点地，两腿成左丁步姿势；同时，右掌回收至胸前外侧立掌，掌心朝左；左掌顺左腿外侧直接向下做砍掌，指尖向下，掌心向内；目视左方（图 465）。

要点提示：下蹲身时双腿大腿面要接近水平，双腿贴紧，保持平衡；上体直立；砍掌以肘关节为轴，发力短促、顺达。

图 465

第八式 推倒墙

承上。身体左转约 90°，重心稍前倾；左脚尖外撇，右脚向前上步，两腿成右弓步；同时，两掌仰掌直臂向前穿出，随即两掌翻腕使手心向下，随两臂直臂向左右两侧分开后屈肘、抱掌于腰间，然后，猛然向前推掌，掌心朝前，指尖朝下，高与胸齐；目视前方（图 466—图 469）。

图 466

图 467

图 468

图 469

要点提示：动作连贯，简捷迅速；推掌抖劲发力，脆短沉厚，以气催力。

第九式 泥里剥葱

承上。身体右转约 90°，重心降低；右脚前掌外拧，右腿屈膝下蹲，左腿随转体向前迈步，并在右脚前下落，脚尖点地，两腿成左丁步；同时，右掌回收至左胸外侧立掌，掌心向左；左掌以肘关节为轴向内划弧后，顺左腿外侧向下砍掌，掌心向内，指尖朝下；目视左前方（图 470—图 472）。

图 470

图 471

图 472

要点提示：下蹲身时双腿大腿面要接近水平，双腿贴紧，保持平衡；上体直立；砍掌以肘关节为轴，发力短促、顺达。

第十式 弓步扳手

承上。左脚向左上步，两腿成左弓步；同时，右掌收抱于右侧腰间，指尖朝前，掌心向上；左掌以肘关节为轴向外、向上划弧做扳手，指尖斜向上，高与额齐，掌心向后；目视左掌（图 473）。

要点提示：动作连贯迅速，一步到位。

图 473

第十一式 千斤砸

承上。右脚向前上步，随身体左转约 180°，上体稍向左前倾之势，两腿成左横裆步；同时，左掌收至左胸前约 20 厘米处，掌心朝上，左肘贴紧腰肋；右掌变拳随转体用拳背砸击左掌心，声音响亮；目视双手（图 474—图 476、图 476 附图）。

要点提示：转身灵活，落地稳固；击打响亮。

图 474

图 475

图 476

图 476 附图

第十二式 右蓬肘

承上。右脚快速提起后再迅速下落，两腿成右弓步；上体微右拧并稍前倾，同时，右拳变掌，右臂上抬，前臂向右前上方撑架，呈水平，稍高于头部，掌外沿斜朝前上方；左掌收抱于左腰侧，掌心向上；目视右臂前方（图 477、图 477 附图）。

要点提示：蓬肘有向上撑架之力。

图 477

图 477 附图

第十三式 左蓬肘

承上。左脚快速提起后再迅速下落，两腿成左弓步；上体微左拧并稍前倾，同时，左臂上抬，前臂向左前上方撑架，呈水平，稍高于头部，掌外沿斜朝前上方；右掌收抱于右腰侧，掌心向上；目视左臂前方（图 478、图 478 附图）。

图 478

图 478 附图

要点提示：蓬肘有向上撑架之力。

第十四式 仙手摘茄

承上。身体其他姿势不变；唯右掌由腰间迅速向前穿掌，掌心向上，指尖斜朝前上方，高与胸齐；目视前方（图 479、图479 附图）。

要点提示：穿掌力点准，动作快慢有度，发力短促。

图 479

图 479 附图

第十五式　泥里剥葱

承上。身体重心后移并下沉，左脚回收至右脚内侧，脚尖点地，两腿成左丁步；同时，右掌内旋腕成立掌护于左胸外侧，掌心朝左；左掌向下贴左腿外侧做砍掌；目视左方（图 480、图 481）。

要点提示：下蹲身时双腿大腿面要接近水平，双腿贴紧，保持平衡；上体直立；砍掌以肘关节为轴，发力短促、顺达。

图 480

图 481

第十六式　前打后肘

承上。左脚向左前上步，两腿成左弓步；同时，右掌变拳，右臂屈曲以肘关节猛力向左前扫打，肘尖稍高于肩；左掌俯按在右前臂处；目视前方（图 482、图 483）。

图 482

图 483

承上。两脚位置不变，随上体右拧、稍倾之势，两腿重心右移，成右弓步；同时，右肘迅速向右后方顶撞，拳心朝下；左掌立掌，以掌心推撑在右拳面处，两上臂架平接近水平；目视右肘前方（图 484、图 484 附图）。

要点提示：前扫肘和后顶肘为两组动作，衔接要紧凑、连贯，两次发力比重分配合理；身体前后移动幅度要明显并掌握好平衡。

图 484

图 484 附图

第十七式　火龙飞天

承上。左腿屈膝上提向右前方摆动，右腿随即屈膝提起向右后方摆动，随身体在空中向右旋转约 360°，双腿下落成马步姿势；同时，两臂随体摆动后在身前屈肘怀抱，两肘尖下垂，前臂立起，两手握拳并排距约 10 厘米，拳心均向内、距胸约 20 厘米；目视双拳（图 485—图 487、图 487 附图）。

要点提示：腾跳高、旋转快、落地稳。

图 485

图 486

图 487

图 487 附图

第十八式　野马分鬃

承上。重心右移，两腿成右横裆步，上体稍右倾；同时，两拳皆变成掌，两臂抖劲发力向左右两侧下方摆臂，指尖斜朝下，掌心朝前；目视左前下方（图 488、图 488 附图、图 489）。

要点提示：摆臂时以气催力、抖劲短促。

图　488

图　488 附图

图　489

第十九式 火龙式

承上。身体左转约 90°，重心前移，右腿屈膝提起前闯，左腿随即屈膝提起向右腿前跨步，然后两腿下落成左弓步；同时，两掌立掌，在胸前按顺时针方向同时各自立体划圆一周；目视前方（图 490—图 494）。

图 490

图 491

图 492

图 493

图 494

要点提示：腾跳高、跨步远、落地稳；两掌各自划圆要同时进行，直径约20厘米，保持立掌姿势。

第二十式 前平后栽

承上。双腿与身体姿势不变；右掌变拳顺势向前冲拳，拳心向下，高与肩平；左掌变拳，屈肘后拉至于左耳侧，拳心向下；目视前方（图495）。

要点提示：劲力充沛，发力脆猛。

图 495

第二十一式 前打

承上。右腿屈膝上提向前横摆，待至身体正前方时快速向下铲腿、落地，配合上体左转约 180°，两腿成左弓步；同时，两臂随体摆动后右肘向右前方横打，拳心向下；左拳变掌俯按在右前臂处；目视右前方（图 496—图 499）。

要点提示：提膝横摆与下铲腿动作区别明显；转体横打肘要借助转身、拧腰之力，劲力脆猛。

图 496

图 497

图 498

图 499

第二十二式　仙人归洞

承上。上体右转约45°，左腿向身前横摆、下落，脚尖点地；同时，由拳变掌，以肘关节为轴向身前划弧扳手，指尖斜向前上方，掌心斜向后上方；左掌俯按在右肘关节内侧上；目视前方（图500、图501）。

图　500

图　501

承上。左脚向身后退步；同时，两掌腕部紧贴旋腕，右掌内旋使立掌在上立在胸前，左腕外旋使仰掌在下平托右掌；目视前方（图502、图503）。

图　502

图 503

承上。右脚向后退步，与左脚并齐，两脚间留有一脚距离，身体直立；同时，两掌立掌直臂向前推掌，两腕贴腕交叉，左前右后；目视前方（图 504—图 506）。

要点提示：旋腕翻掌要柔顺；推掌发力脆猛。

图 504

图 505

图 506

收式

承上。下肢与身体姿势不变；双臂自身前向下落并外旋腕使掌心向前，随即，双臂直臂缓慢由两侧向上托举，至头顶正上方时双掌合拢，掌心含空；抬头，目视双掌（图 507—图 509）。

图 507

图 508

图 509

承上。两臂屈肘，双掌由上向下缓慢落至胸前；双目先随双掌下落，待至胸前成合掌姿势时，微抬头，目视正前方（图510、图511）。

承上。双臂挺肘缓慢向上举起，双掌合十、指尖尽力上举；目视双掌（图512）。

图 510

图 511

图 512

承上。两掌自头顶正上方向左右两侧分开，内旋腕，使掌心向下，随双臂直臂下落至体两侧；目视前方（图 513、图 514）。

要点提示：动作要求舒展大方，轻缓圆柔，精神饱满；呼吸与动作要同时进行，气式合一。

图 513

图 514

坐禅入门

坐禅的意义

坐禅，梵语为 dhyana，音译“禅那”，简称“禅”，意谓思维修或静虑。术语解释“坐禅”，即跌坐而修禅，意思就是闭目端坐，凝心静修，用心反观头脑中出现的念头，慢慢念头越来越慢、越来越少，心、脑就会越来越清净（就像沉淀浑浊的水的道理）、平和。坐禅是佛教修持的主要法门之一，同时也是中西方其他宗教以及广大修行者理疗、治病、修身、养性、养生、悟道的一种修炼方式。

中国禅宗，对禅的理解与修持更是有独到的理解和应用。求取禅的经验、体验禅的意境、体会禅的愉悦，不单单靠“坐”，行、走、立、卧以及生活中的举手投足、一举一动，甚至起心动念皆是禅修，而“坐禅”则是入门参修较为直观和易于为人接受的一种方便之法。

佛教阐述坐禅的十种行法，即一、命观处明净；二、遍起看诸根；三、晓了于相；四、制令心调；五、折伏懈怠；六、心无味著；七、心欢喜；八、心定成舍；九、近学定人；十、乐著安定。

修行者认为坐禅可以使人顽强意志、坚韧体魄、调和身心、开发潜质、升华智慧、延年益寿、净化人格、破迷开悟。

日本京都大学心理学教授佐藤幸治博士在《禅のすすめ》

的报告中指出，坐禅有十种心理方面的效果，即增强忍耐心、治疗各种过敏性疾病、坚固意志力、增进思考力、形成更圆满的人格、迅速地使得头脑冷静、安定情绪、提高行动的兴趣和效率、使肉体上的种种疾病消失、达到开悟的境地。医学博士长谷川卯三郎在其《新医禅学》的报告中，提出了坐禅的十二种功效，可以对应治疗高血压、胆结石、失眠等十二种疾病。

坐禅，以调身、调息和调心的方法，减轻交感神经系统的负荷（压力），冲淡主观意识的影像，将自我中心的界限渐渐向外扩大，乃至忘却了自我的存在，主观意识便会消融于客观意识之中，从以自我为中心的主观心态，渐渐地转变为客观心态，从主观的烦恼陷阱之底提救，冉冉上升至客观的自由世界，从而得到身心的解脱。

坐禅三要素

一、调身

调身，即调整身体的姿势，使之完成一种适合于坐禅要求的正确姿势。正确的坐姿可以使身体稳固而安详，轻松而舒服；肢体姿势适度可以保障气血、呼吸通畅；脊柱姿势可以维持人体中正通达（身正则心正、心正则气顺）。

（一）准备活动

1. 环境：整洁、清净，不湿不燥、避风而又空气清新，光线明暗合适，少干扰。

2. 坐垫：四方形（或圆形）宽大松软，高低、软硬适度。

3. 晨起洗漱之后，精神饱满之时最佳，晚戌亥间亦可。切忌精神疲倦、正午、子夜坐禅，饱食、性行为、激烈运动后不宜坐禅。

4. 饭后坐禅谨记每餐以八分饱为宜，餐后半小时后方可坐禅。

5. 坐禅时要求衣着宽松，清除饰物（眼镜、手表、手机、腰带等）。

6. 坐禅前宜做适量的暖身、按摩或小幅度伸展等活动，以保障关节、肌肉柔韧、气血畅通等。脚和膝应单独加强保暖。

7. 时间每次以 20~45 分钟为宜。功毕，起身前应做收功（散气）活动，起身后一定要配合伸展、扭摆、屈伸等放松和按摩活动，坚持动、静结合的原则。

（二）坐法

1. 吉祥坐：又称双跏趺坐、七支坐法等，即左脚在下，右脚置于左大腿上，再将左脚置于右大腿上。反之，右脚在下，左脚置于右大腿上，再将右脚置于左大腿上，称为“金刚坐”。

2. 半跏坐：右脚置于左腿下，左脚架于右腿上，称为“降魔半跏坐”，反之称为“吉祥半跏坐”。此做法适于初学坐禅者。

3. 交脚坐：两脚均屈膝置于身前，同时向内、向后收，使两脚掌向上，交叉置于两小腿乃至两大腿之下（或两脚任意交叉平放）。此做法适于初学坐禅者。

4. 自然坐：也叫“正坐”，即上体正坐于床沿、椅子等与膝关节同高的物体上均可，两腿屈膝，两脚自然分开下垂，两手在小腹前结手印或掌心朝下俯按于大腿上。此做法适于身体虚弱、患病等无法正常盘坐者。

注意事项

1. 背脊竖直，含胸圆背（心窝下降），头顶上定，上体微前倾、自然挺直（不可故意挺直），臀部微微向后凸出，下腭内收，额压喉结。

2. 手结法界定印，两手圈结，掌心朝上，右手在上，左手在下重叠，两拇指尖相接成圆圈形，轻轻平置于丹田下的髋部前方。

3. 沉肩坠肘，两臂自然垂立并稍内圈，骨骼、肌肉放松，自觉如无肩、无臂、无手的状态。

4. 舌尖微舐上腭，不可用力，若有口水则缓慢咽下。

5. 闭口，用鼻呼吸（除鼻有病外）。

6. 眼微张，视线投置于身前二三尺处的地上。初学坐时，眼睛微闭、微张，可随注意力集中与否稍稍调整（切忌睁大和紧闭。只因睁大眼睛时，心容易散乱；闭起眼睛时，心容易昏沉）。

二、调息

调息，即坐禅时的呼吸方法。

（一）息分四相

1. 风：即风相，指坐时鼻中出入气息有声响。一般出现在激烈运动后、肺气通道阻塞等情况下，此类呼吸不宜坐禅。

2. 喘：即喘相，指坐时息虽无声，而呼吸结滞不通。一般出现在恐惧、紧张、病态等情况下，此类呼吸应做充分调整，使身心安静、精神舒畅以后再行打坐。

3. 气：即气相，指坐时息虽无声、亦不结滞，但气息出入不细、不匀。气相即指人们平常的呼吸，每分钟约 16~18 次，耳朵可听（感受）到自己呼吸的声音，这种呼吸方法是坐禅入门的基本要求。

4. 息：即息相，指气息没有声音、没有结滞、细长均匀、出入绵绵、若存若亡、资神安隐、情抱悦愉，是调息基础境界的入门表象。

注：佛家禅法理论讲“坐禅之四相，守风则散、守喘则结、守气则劳、守息即定”，息相是坐禅呼吸中的基础，入定的不二法门。

（二）念息

1. 数息：身体姿势、呼吸调整好后，开始进行数息，每呼吸一次数一，呼吸第二次数二，以此类推，从一到十，然后再重复从一到十，周而复始即为数息。目的是为了使心有所专，便于克服杂念。

2. 随息：当数息进行一段时间后，杂念妄念渐渐减少、消除，便将注意力放在呼吸的出入上（即心念意随鼻息的进出往来上）。

3. 止息：随息有成后，心觉安静舒适，就会进入定镜，即“止”的阶段。心境安适、清净无念，身心即进入初禅。

4. 观息：在止的阶段，如果心境昏暗恍惚，就要内观自己呼吸的出入相，长、短分明，了然于心，心自然安定。

5. 还息：虽过观想，心境仍然浮躁不安，就要舍去“观”的方法，回到数息阶段，重新提起注意力。

6. 净息：通过“观”和“还”的调整、校正，心境渐渐安定下来，便能凝止心神、寂灭思虑和妄念，达到心灵清净。

注：此“六妙法门”是由戒入定、由定生慧，继而破迷开悟，明心见性的理想法门。

三、调心

调心，也叫“摄心”，即把浮动和散乱的心念收摄起来。调心是坐禅三要素中最重要的部分，调身、调息都是为调心打基础。心清净，空灵无染；心浮动，妄念焦躁。通过调心，调伏心猿意马，把散乱、浮动的心收摄住、按下来、消除掉，才能达到定心。

（一）调整心性

禅宗认为“心”即“性”，心彻底明白了万物生灭的现象（果），就理解了万物生灭的真相（因），所谓“明心见性，顿悟成佛”。人们日常行为藉由身体举止为外在的表现，内在却受心的意识的支配，例如时间作息、生活规律、性情善恶等习俗，日常中生活德行善良多于贪嗔痴慢，就属于善性的身心表现，反之，则属于恶的身心表现。善行表现人心里的善与恶，浮乱与安静均源自过去自身的经历和经验，它是自然环境、社会及家庭背景、文化教育、生活实践等综合信息通过各种感官及意识思想而储存于内心（大脑）深处的。生活中经“善”诱导，人就会开启善的通道，表现出性情温顺、言语柔和、恭顺有度、乐善好施等正能量，蕴含自身、外施有情；相反，则出现恶性，如杀心、报复心重、情绪冲动、残暴、贪心、嫉妒等，伤及自身，危害社会。参禅就是要人们通过对禅的体悟，了解因果循环，明辨善恶，透过坐禅对心性的调整、善恶的对比，引发储存内在清净安适的悦愉（即“善”）来取代浮躁不安（即“恶”）的经验，使身心逐渐消除陋习、戾气，趋于清净，使恶性不再充斥内心，心才会慢慢平静，归于本性（本性即佛性）。

（二）意念法

意念法，就是调心时通过意念集中于一处，使精神凝聚，不涣散，起到摄守定心的作用。数息、观息、念佛、念咒等方法皆属于此内容，可以有效克制散乱、昏迷、妄念，逐渐收心，归于禅定。

（三）冥想

冥想，即“观想”，也称“内视法”，即通过反观念头、消除障碍，达到心念集中、调伏杂念的主要方法之一。

调心时双目微闭，向内细细反观自己的念头。初学者妄念不断，来来往往，生灭不停。对于这些念头，既不要去攀缘、随念续引，也不要强制遣除，刻意清意识除残留，只要明白它们本来就是空寂、虚幻的不实幻像，耐心静静观照，一念起，遂返照，念头便即消失，再念起，再返照，念又空，如此念念升起、念念返照，便得念念空净。久而久之，念起越来越少，心越来越清净。最终心不颠倒、意不散乱，进入禅境。

注意事项

1. 练功宜持之以恒。初学者久坐，双腿、身体会出现麻木、酸痛等症状，除练功前做好预备活动外，功后可配合八段锦、易筋经、太极拳等功法进行放松、按摩，协调共进，以保障身体舒展、柔和，气血畅通，精神旺盛。

2. 呼吸方法依个人习惯为主，采用顺腹式呼吸或逆腹式呼吸均可，但一定要遵循循序渐进的原则，不可刻意加强，损伤肺气及其他脏腑功能。

3. 日常饮食以清淡为主，尽量避免（或适量安排）酒肉以及辛辣等物的摄入。

4. 功法进度应顺其自然、循序渐进，不可贪功冒进，急于求成。

5. 针对练功过程中出现的异常现象（也有称“幻觉”），因个人体质和心境不同，表现出的状况也各有差异，但均为身体与心理自然过渡中的正常反应。只要坚信正知、正见、正行，就不存在偏差。对意识中出现的种种念头，应采取不强求、不遏制、不攀附、不随续的做法，勤加返照，任其自然生灭，不可执着，只要持之以恒、坚持练习，种种反应很快就会消失。

图书在版编目(CIP)数据

少林寺内功述真 / 释德扬，李建新著. –北京：人民体育出版社，2017

ISBN 978-7-5009-4917-6

Ⅰ.①少… Ⅱ.①释… ②李… Ⅲ.①少林寺–内功–基本知识 Ⅳ.①G852.6

中国版本图书馆 CIP 数据核字(2016)第 253103 号

*

人民体育出版社出版发行
三河兴达印务有限公司印刷
新 华 书 店 经 销

*

880×1230 32 开本 5.5 印张 121 千字
2017 年 6 月第 1 版 2017 年 6 月第 1 次印刷
印数：1—5,000 册

*

ISBN 978-7-5009-4917-6
定价：25.00 元

社址：北京市东城区体育馆路 8 号（天坛公园东门）
电话：67151482（发行部） 邮编：100061
传真：67151483 邮购：67118491
网址：www.sportspublish.com
（购买本社图书，如遇有缺损页可与邮购部联系）